团 体 标 准

高速公路车辆救援服务评价指南

Guidelines for Evaluation of Expressway Vehicle Rescue Services

T/CHTS 20049—2024

主编单位:中国公路学会道路救援分会
　　　　　交通运输部公路科学研究所
发布单位:中国公路学会
实施日期:2024 年 12 月 6 日

人民交通出版社
北　京

图书在版编目(CIP)数据

高速公路车辆救援服务评价指南/中国公路学会道路救援分会,交通运输部公路科学研究所主编. —北京：人民交通出版社股份有限公司,2024.11. —ISBN 978-7-114-20012-0

Ⅰ.U491.3-62

中国国家版本馆 CIP 数据核字第 2024YU9290 号

标准类型：	团体标准
标准名称：	高速公路车辆救援服务评价指南
标准编号：	T/CHTS 20049—2024
主编单位：	中国公路学会道路救援分会
	交通运输部公路科学研究所
责任编辑：	郭晓旭　韩亚楠
责任校对：	龙　雪
责任印制：	刘高彤
出版发行：	人民交通出版社
地　　址：	(100011)北京市朝阳区安定门外外馆斜街 3 号
网　　址：	http://www.ccpcl.com.cn
销售电话：	(010)85285857
总 经 销：	人民交通出版社发行部
经　　销：	各地新华书店
印　　刷：	北京交通印务有限公司
开　　本：	880×1230　1/16
印　　张：	1.75
字　　数：	45 千
版　　次：	2024 年 11 月　第 1 版
印　　次：	2025 年 3 月　第 2 次印刷
书　　号：	ISBN 978-7-114-20012-0
定　　价：	28.00 元

(有印刷、装订质量问题的图书,由本社负责调换)

中国公路学会文件

公学字〔2024〕122号

中国公路学会关于发布
《高速公路车辆救援服务评价指南》的公告

现发布中国公路学会标准《高速公路车辆救援服务评价指南》（T/CHTS 20049—2024），自2024年12月6日起实施。

《高速公路车辆救援服务评价指南》（T/CHTS 20049—2024）的版权和解释权归中国公路学会所有，并委托主编单位中国公路学会道路救援分会负责日常解释和管理工作。

中国公路学会
2024年11月22日

前 言

为规范高速公路车辆救援服务行为,提升高速公路车辆救援服务能力和水平,在系统分析和总结高速公路车辆救援服务实践的基础上,制定本指南。

本指南按照《中国公路学会标准编写规则》(T/CHTS 10001—2018)编写。

本指南的某些内容可能涉及专利,本文件的发布机构不承担识别专利的责任。

本指南由中国公路学会道路救援分会提出,受中国公路学会委托,负责具体解释工作。请有关单位将实施中发现的问题与建议反馈至中国公路学会道路救援分会(地址:北京市朝阳区安华路17号院1号楼,联系电话:010-64288735,电子邮箱:DLJYFH@163.com),供修订时参考。

主编单位:中国公路学会道路救援分会、交通运输部公路科学研究所。

参编单位:江苏交通控股有限公司、江西省交通投资集团有限责任公司、湖北交投高速公路运营集团有限公司、辽宁省高速公路运营管理有限责任公司、山东高速潍坊发展有限公司、江苏中汽高科股份有限公司、广州优路加信息科技有限公司。

主要起草人:巨荣云、张国胜、徐海北、孙和山、简海云、陈进、游科春、龚立民、高卓、杜林森、汤海学、张彬、张浩、王宏涛、赵强、刘长明、陈忠英、刘婷婷、李日涵、金春权、郎玉勤、蒋洪斌、卢峰、王涛、张同国、王顺、孔繁中、廖广宇、李帅。

主要审查人:王晓曼、王太、张可、董雷宏、李爱民、洪晓枫、张学利、凌浪、舒强、漆志平。

T/CHTS 20049—2024

目　次

1 范围 ··· 1
2 规范性引用文件 ·· 2
3 术语 ··· 3
4 评价原则 ·· 4
5 评价内容 ·· 5
　5.1 车辆救援企业基本条件 ··· 5
　5.2 人员装备 ··· 5
　5.3 服务行为 ··· 6
　5.4 客户反馈 ··· 8
6 评价指标 ·· 9
7 评价方法 ·· 10
8 评价结果 ·· 11
附录 A（资料性附录）　高速公路车辆救援服务用户评价表 ·· 12
附录 B（规范性附录）　高速公路车辆救援服务评价指标 ·· 13
附录 C（规范性附录）　高速公路车辆救援服务（部分）量化评价指标及计算方法 ···················· 16
用词说明 ·· 19

高速公路车辆救援服务评价指南

1 范围

本文件规定了高速公路车辆救援服务评价的原则、内容、指标、方法和结果。

本文件适用于行业主管部门、高速公路经营管理单位和第三方机构对高速公路车辆救援服务的评价，也可用于车辆救援企业开展车辆救援服务自评。

2 规范性引用文件

下列文件中的内容通过文中的规范性引用而构成本文件必不可少的条款。其中，注日期的引用文件，仅该日期对应的版本适用于本文件；不注日期的引用文件，其最新版本（包括所有的修改单）适用于本文件。

GB 1589 汽车、挂车及汽车列车外廓尺寸、轴荷及质量限值
GB 5768.4 道路交通标志和标线 第4部分：作业区
GB 7258 机动车运行安全技术条件
GB 15630 消防安全标志设置要求
GB/T 17242 投诉处理指南
GB/T 35658 道路运输车辆卫星定位系统 平台技术要求
JT/T 794 道路运输车辆卫星定位系统 车载终端技术要求
JT/T 891 道路车辆清障救援操作规范
JT/T 1076 道路运输车辆卫星定位系统 车载视频终端技术要求
JT/T 1078 道路运输车辆卫星定位系统 视频通讯协议
JT/T 1357.2 道路车辆清障救援技术要求 第2部分：装备
JT/T 1357.3 道路车辆清障救援技术要求 第3部分：企业
JTG H30 公路养护安全作业规程
JB/T 9738 汽车起重机
QC/T 645 清障车

3 术语

3.0.1 高速公路车辆救援 expressway vehicle rescue

车辆救援企业将高速公路上的故障或事故车辆拖移至指定或规定地点的行为。

3.0.2 车辆救援企业 vehicle rescue enterprise

从事高速公路车辆救援活动，具备相应条件和能力的企业，包括高速公路经营管理单位组建的专业车辆救援队伍和/或社会车辆救援队伍。

3.0.3 现场救援人员 scene rescue personnel

从事高速公路车辆救援的现场作业人员，主要包括安全警示、救援操作、辅助救援和现场指挥等相关人员。

3.0.4 服务评价指标 service evaluation index

衡量高速公路车辆救援服务能力、效率和水平的相关要素。

3.0.5 救援到达时间 rescue arrival time

接到救援信息后，从高速公路车辆救援驻点到达救援现场所需时间。

3.0.6 现场救援时间 on-site rescue time

到达救援现场后，从救援工作开始到结束全过程的时间。

3.0.7 救援驻点 rescue station

具有人员、设备、办公等条件，提供车辆救援服务的场所，包括驻勤点和备勤点。

3.0.8 驻勤点 standing rescue station

在高速公路相应位置常驻的可提供高速公路车辆救援服务的场所。

3.0.9 备勤点 temporary rescue station

在高速公路相应位置临时增设的可提供高速公路车辆救援服务的停靠点。

3.0.10 车辆救援装备 vehicle rescue equipment

具备拖、吊、装、背载、防护等一种或多种功能的专用车辆和配套辅具的总称。

4 评价原则

车辆救援服务评价应遵循客观、全面、公正、公开的原则。

5 评价内容

5.1 车辆救援企业基本条件

5.1.1 运营管理

1 向高速公路经营管理单位备案。
2 具有满足救援服务需要的固定办公场所及场地。
3 经营范围应包括拖车、起重机等作业项目。
4 公示相关内容，至少包括营业执照、服务项目及收费标准、服务流程、24小时服务热线，投诉处理流程及投诉电话。
5 配备专业救援服务人员，至少包括调度人员、驾驶员、现场救援服务人员和安全管理人员等。
6 根据高速公路车辆救援作业需要，配备车辆救援装备、安全设施设备，以及通信工具、现场记录影像设备等救援辅助设备等，设备应符合 JT/T 1357.2 的有关规定。
7 建立投诉处理机制和制度，制定客户投诉处理标准。

5.1.2 安全管理

1 建立符合 JT/T 1357.3 的安全生产管理制度、车辆救援管理与服务制度、操作规程和应急救援预案等有关规定。
2 设置安全生产管理机构或配备至少1名专职安全管理人员。
3 建立人员培训制度。经岗前培训并考核合格后方可上岗。定期开展业务技能、安全操作、文明服务、应急处置等方面培训和考核工作，持续提升职业素养和专业技能。
4 每年至少组织一次综合应急预案演练或专项应急预案演练，每半年至少组织一次现场处置方案演练。

5.1.3 救援信息化

1 建立高速公路车辆救援信息化管理平台，满足部级、省级平台数据对接要求，保证系统正常运行。
2 车辆救援信息化管理平台具备呼叫电话、基本信息录入、实时监控、实时数据传输、精准定位、快速响应、智能化调度、信息发布、收费服务、投诉举报等功能，其性能满足 GB/T 35658 中道路运输车辆卫星定位系统的平台技术要求。
3 车辆救援信息化管理平台对救援车辆行驶状态和驾驶员驾驶行为的动态情况进行监控，对车辆救援装备进行实时动态监控，建立动态监控工作台账，分析处理动态信息。

5.2 人员装备

5.2.1 救援驻点

1 根据救援里程、车流量、事故形态和故障类型、救援作业量等实际情况，合理布局救援驻点，救援驻点的设置应满足规定的救援到达时间要求。
2 救援驻点按要求配备相应的设施设备及救援服务人员。根据需要动态调整设施设备和人员。
3 驻勤点至少具备办公、住宿和停车功能，做到分区管理。
4 重大活动、重要节假日合理增设备勤点，并根据实际情况动态调整。

5.2.2 救援设备

1 车辆救援装备的技术条件应符合 GB 7258、QC/T 645、JT/T 1357.2 和 JB/T 9738 的有关规定；车辆救援装备的外廓尺寸和轴荷应符合 GB 1589 的有关规定；安全设施设备应符合 GB 5768.4、GB 15630 的有关规定；救援辅助设备应符合 JT/T 1357.2 的有关规定。

2 车辆救援装备、安全设施设备状况完好。车辆救援装备证照齐全有效、车容整洁，并随车携带规定要求的相关设施设备。

3 对救援设备进行日常例保检查，定期检测、维护，按规定建立装备管理台账，确保技术状况良好。车辆的使用年限或运营里程符合国家标准规定。

4 车辆救援装备应配备符合 JT/T 794 规定的卫星定位系统车载终端，对装备进行定位跟踪。应配备符合 JT/T 1076 和 JT/T 1078 规定的车内外视频监控系统，视频监控范围至少包括驾驶区、作业区及车外前部区域，对救援过程进行实时监控。

5.2.3 专业救援服务人员

1 具备良好的沟通能力。

2 态度热情、用语文明、举止得体。

3 受理人员和调度人员使用普通话。

4 驾驶员具有驾驶车辆的相应证件，驾驶证与驾驶车型相适应；特种设备操作证与装备类型相适应。

5 救援操作人员从事特殊工种工作应具有相关资质证书，安全管理人员应经安全生产知识和管理能力考核合格。

6 通过基础理论、业务技能、文明服务等岗前专业培训，经考核合格，持证上岗。定期接受专业培训。

5.2.4 救援服务形象

1 救援驻点名称规范，标识统一。

2 车辆救援装备外观标识统一，且标明企业名称、服务和监督电话等。

3 工作证件样式统一，且标明单位名称、姓名、照片、岗位、工号等内容。

4 现场救援人员着装统一。

5.3 服务行为

5.3.1 车辆救援企业实行 24 小时值班值守。

5.3.2 救援任务受理

1 保证救援电话、网络等多通道 24 小时通畅。

2 应答当事人使用规范语言。

3 接到救援信息，应了解当事人联系电话、救援地点、车辆及货物类型、装载情况等相关信息，并提醒驾驶员做好警示，告知人员撤离至安全区域等待救援。

4 根据现场救援需要，选派人员、救援设备，及时调整或增派救援力量。

5 按规定做好车辆救援信息化管理平台录入和信息报送工作，并按规定上报信息。

5.3.3 救援任务下达

1 任务受理后，调度人员及时下达调度指令，并告知当事人。

2 调度人员关注车辆救援装备动态,与当事人保持联系,同时做好信息反馈和上报工作。

3 接到调派指令后,现场救援人员迅速了解当事人救援信息,告知当事人车辆救援装备的出发地点、车牌号及预计到达时间。

5.3.4 救援现场赶赴

1 现场救援人员在核对车辆信息及事故现场情况后,赶赴救援现场并保持通信设备畅通。

2 保持警示灯开启,视情开启警报。夜间或雨、雾、雪天气行驶时,应开启示廓灯、后位灯或雾灯等。

3 车辆救援装备在规定时间内到达救援现场。因道路拥堵、交通管制、车辆故障、交通事故、自然灾害等突发情况延迟或无法到达的,应主动告知当事人,说明情况并采取相关措施。

5.3.5 现场安全防护隔离作业区设置

1 车辆救援装备到达现场后,按有关规定要求的安全距离停放,保持危险报警闪光灯、标识灯正常警报。有条件的,使用防撞缓冲车进行防护。

2 在安全防护隔离作业区域最远端来车方向设立车辆救援警示标志。

3 辅助救援人员根据被救援车辆位置和道路分道情况,设置现场安全防护隔离作业区,作业区满足 GB 5768.4 和 JTG H30 的要求。

5.3.6 现场救援服务

1 车辆救援服务符合 JT/T 1357.3 的有关规定,车辆救援操作符合 JT/T 891 的有关规定。

2 现场救援过程至少配备两名(含)以上的现场救援人员。其中一名现场救援人员在来车方向进行警戒。

3 现场救援人员完成被救援车辆受损情况的相关标记和文字影像记录,并告知当事人。

4 现场救援人员在救援作业前采取相应预处理措施,避免救援过程中发生安全事故。

5 救援操作人员根据现场情况及当事人需求,按照不同事故形态或故障特征确定车辆救援实施方案,并告知当事人车辆救援作业项目,出示相关收费标准,由当事人签名确认后实施作业。提醒当事人妥善保管贵重物品,如遇特殊情况无法救援或需要援助的,及时向调度人员反馈情况。

6 车辆救援过程中,遵守有关操作规程,安全、有序实施车辆救援。不得违规作业。

5.3.7 现场撤离

1 救援作业完成后,由现场救援人员或其他相关单位清理救援现场。

2 从现场作业中心朝来车方向由近及远依次撤除反光锥桶、救援警示标志。

3 现场救援人员在系统上确认完成救援任务,上传救援服务确认单(工单)及相应的救援现场影像资料,并与相关单位做好交接。

5.3.8 拖运作业

1 对被救援车辆进行牢固捆绑,防止被救援车辆跌落,并检查车辆电源是否切断,防止被救援车辆发生火灾。

2 现场救援人员实时监控被救援车辆安全状态。

3 将故障车辆拖至高速公路最近出口处或服务区,也可拖移至当事人选择的其他停放地点;将事故车辆拖至交警指定的地点停放。

5.3.9 服务收费

1 救援任务完成后,现场救援人员如实、完整填写车辆救援服务作业信息反馈单,并由当事人签字确认。当事人无法现场确认的,提供业务委托凭证等。

  2 执行车辆救援收费项目和标准,不得自行增加收费项目、扩大收费范围或提高收费标准。

  3 向当事人提供收费票据和相关单据。无法当场提供的,说明原因并根据当事人要求提供邮寄服务或电子发票服务。

5.4 客户反馈

5.4.1 开展客户满意度调查,通过现场访问或问卷调查等方式了解当事人对车辆救援服务的满意度,高速公路车辆救援服务用户评价表可参照本指南附录 A 设置。

5.4.2 投诉反馈

  1 按照 GB/T 17242 的要求,对投诉事件进行受理、处置,定期收集各方反馈意见和建议并建立档案。

  2 在规定时间内处理救援服务投诉,将处理结果反馈给当事人,并以书面形式上报。

5.4.3 服务回访

  1 及时开展救援服务回访,详细记录回访情况,资料存档备查。

  2 依据投诉反馈内容跟踪回访当事人,做好有效投诉的回访工作。

6 评价指标

6.0.1 车辆救援服务评价内容包括基本条件、人员装备、服务行为、客户反馈等四个方面。

6.0.2 建立高速公路车辆救援服务评价指标体系。指标体系分为一级指标、二级指标和三级指标。

6.0.3 一级指标、二级指标的具体内容见表6.0.3，三级指标内容参照本指南附录B的有关规定执行。

表6.0.3 一级指标及二级指标内容

指标分类	一级指标	二级指标
具体内容	基本条件	运营管理、安全管理、救援信息化
	人员装备	救援驻点、救援设备、救援人员、服务形象
	服务行为	值班值守、任务受理、任务下达、现场赶赴、安全防护、现场救援、现场撤离、拖运作业、服务收费
	客户反馈	客户满意度调查、投诉反馈、服务回访

6.0.4 高速公路车辆救援服务（部分）量化评价指标及计算方法应按本指南附录C的有关规定执行。

7 评价方法

7.0.1 评价主体根据评价目的,建立评价工作制度与机制。

7.0.2 根据本文件第 5 章的有关规定,确定评价范围、评价内容、评价指标和总分数。

7.0.3 评价指标中应至少包括下列指标:车辆救援业务覆盖率、救援驻点总覆盖率、状况完好率(车辆救援装备、安全设施设备)、值班值守率、救援服务接听率、及时响应率、规定时间到达率、救援作业完成率、规定时间现场处置率、客户满意度、客户投诉率、客户投诉处理率、投诉回访率等。

7.0.4 采用定期、不定期相结合的评价方式。

7.0.5 评价形式包括但不限于现场考核、满意度调查、问卷调查、神秘顾客调查、互联网大数据分析等。

8 评价结果

8.0.1 评价主体应编制评价报告。报告内容应至少包括评价过程记录、评价结论、主要问题和改进建议。

8.0.2 评价对象应根据评价报告,提出整改方案和措施,持续提升服务能力和水平。

8.0.3 评价结果由总得分和本文件第7.0.3条规定的每个评价指标得分组成。

8.0.4 评价等级判别标准应符合表8.0.4的规定,评价等级由高到低分为AA、A、B、C、D。

表8.0.4 评价等级判别标准

评价等级	评价结果
AA	总分数90%[1](含)以上的,本文件第7.0.3条规定的每个评价指标得分率大于80%
A	总分数80%[1](含)以上的,本文件第7.0.3条规定的每个评价指标得分率大于70%
B	总分数70%[1](含)以上的,本文件第7.0.3条规定的每个评价指标得分率大于60%
C	总分数60%[1](含)以上的,本文件第7.0.3条规定的每个评价指标得分率大于60%
D	总分数60%[1](不含)以下
注:[1] 表示为总分数的百分比,总分数因不同评价主体涉及的评价总分不同。	

8.0.5 评价主体应将评价报告和评价结果存档备查。

附录 A(资料性附录) 高速公路车辆救援服务用户评价表

表 A.1 高速公路车辆救援服务用户评价表

编号		调查地点		日期	
姓名		联系方式		客户类型	
满意程度(打√)	十分满意	满意	一般	不满意	非常不满意
及时响应					
作业规范					
沟通协调					
服务收费					
形象规范					
文明用语					
业务票据					
增值服务					
总体评价					
客户意见：					
调查人(签字)：			日期：	年　月　日	
备注					

附录 B(规范性附录) 高速公路车辆救援服务评价指标

表 B.1 高速公路车辆救援服务评价指标、代号和分数

一级指标	二级指标	三级指标	满分(1000)
基本条件 A_1 (250分)	运营管理 B_{11}	向高速公路经营管理单位备案	10
		具有固定办公场所及场地	10
		车辆救援业务覆盖率100%	20
		人员岗位满足率100%	20
		救援设备满足率100%	20
		建立救援服务投诉处理机制和制度	20
	安全管理 B_{12}	具有符合JT/T 1357.3的安全生产管理制度、车辆救援管理与服务制度、操作规程和应急救援预案等	30
		具有安全生产管理机构或配备至少1名专职安全管理人员	30
		具有人员培训制度,培训内容满足安全管理的相关培训和考核工作。岗前培训并考核合格后上岗率100%	20
		应急演练满足评价指南的有关要求	20
	救援信息化 B_{13}	具有高速公路车辆救援信息化管理平台,满足部级、省级平台数据对接要求	30
		具备救援信息化建设的功能要求,其性能满足GB/T 35658的技术要求	10
		对车辆救援行驶状态和驾驶员驾驶行为的动态情况进行监控,对车辆救援装备进行实时动态监控,建立动态监控工作台账,分析处理动态信息	10
人员装备 A_2 (300分)	救援驻点 B_{21}	管辖区域内救援驻点总覆盖率达100%	30
		救援驻点应满足救援车辆正常行驶情况下规定时间内到达救援现场的需求	30
	救援设备 B_{22}	救援设备技术条件符合评价指南规定的有关规定	40
		车辆救援装备、安全设施设备状况完好率达到95%及以上	50
		车辆救援装备应配备定位跟踪设备,安装车内外视频监控系统	10
	救援人员 B_{23}	人员条件满足率达到100%	100
	服务形象 B_{24}	救援驻点、装备、证件和人员形象条件满足率达95%以上	40
服务行为 A_3 (400分)	值班值守 B_{31}	24小时值班值守率达100%	10
	任务受理 B_{32}	救援服务接听率不低于98%	10
	任务下达 B_{33}	任务受理后在规定时间内快速下达车辆救援调度指令的满足率达到95%以上	10
		现场救援人员在规定时间内联系客户告知相关信息的次数率不低于90%	10
	现场赶赴 B_{34}	接收救援服务指令后,救援人员应在规定时间内完成相关准备,出发前往事发地点。及时响应率不低于95%	10

表 B.1 高速公路车辆救援服务评价指标、代号和分数(续)

一级指标	二级指标	三级指标	满分(1000)
服务行为 A_3（400 分）	现场赶赴 B_{34}	无特殊情况，救援车辆在出动后规定时间内到达现场，且救援车辆规定时间到达率不低于 90%	10
	安全防护 B_{35}	车辆救援装备到达现场后，按有关规定要求的安全距离停放，保持危险报警闪光灯、标识灯正常警报。有条件的，使用防撞缓冲车进行防护	30
		应在安全防护隔离作业区最远端来车方向设立车辆救援警示标志	20
		辅助救援人员根据被救援车辆位置和道路分道情况，设置现场安全防护隔离作业区，作业区满足 GB 5768.4 和 JTG H30 的要求	30
	现场救援 B_{36}	车辆救援服务遵守 JT/T 1357.3 的要求，车辆救援操作按 JT/T 891 有关规定执行	50
		现场救援过程至少配备两名(含)以上的现场救援人员。其中一名现场救援人员在来车方向进行警戒	15
		现场救援人员完成被救援车辆受损情况的相关标记和文字影像记录，并告知当事人	15
		现场救援人员在救援作业前应采取相应预处理措施	20
		救援操作人员根据现场情况及当事人需求，按照不同事故形态或故障特征确定车辆救援实施方案，并告知当事人车辆救援作业项目，出示相关收费标准，由当事人签名确认后实施作业。提醒当事人妥善保管贵重物品，如遇特殊情况无法救援或需要援助的，应及时向调度人员反馈情况	60
		车辆救援过程中，遵守有关操作规程，安全、有序实施车辆救援，不得违规作业	10
		规定时间内完成救援作业完成率宜达到 95% 以上，规定时间现场处置率不低于 90%	30
	现场撤离 B_{37}	现场救援人员应从现场作业中心朝来车方向由近及远依次撤除反光椎桶、救援警示标志	10
		现场救援人员在系统上确认完成救援任务，上传救援服务确认单(工单)及相应的救援现场影像资料，并与相关单位做好交接手续	10
	拖运作业 B_{38}	二次事故发生率为零	10
		车辆救援应将故障车辆拖至高速公路最近出口处或服务区，也可拖移至当事人选择的其他停放地点；将事故车辆拖至交警指定的地点停放	10
	服务收费 B_{39}	救援任务完成后，现场救援人员如实、完整填写车辆救援服务作业信息反馈单，并由当事人签字确认。当事人无法现场确认的，提供业务委托凭证等	5
		执行车辆救援收费项目和标准，不得自行增加收费项目、扩大收费范围或提高收费标准	10

表 B.1 高速公路车辆救援服务评价指标、代号和分数(续)

一级指标	二级指标	三级指标	满分(1000)
服务行为 A_3（400分）	服务收费 B_{39}	向当事人提供收费票据和相关单据。无法当场提供的，说明原因并根据当事人要求提供邮寄服务或电子发票服务	5
客户反馈 A_4（50分）	客户满意度调查 B_{41}	客户满意度不低于95%	10
	投诉反馈 B_{42}	客户投诉率不大于5%，客户投诉处理率达到100%	10
		在规定时间内处理救援服务投诉，将处理结果反馈当事人，并以书面形式上报	10
	服务回访 B_{43}	救援服务结束后及时开展救援服务回访覆盖率达到100%	5
		依据投诉反馈内容跟踪回访客户，投诉回访率达到100%	5
		回访客户满意率达到100%	10

附录 C(规范性附录) 高速公路车辆救援服务(部分)量化评价指标及计算方法

C.0.1 救援驻点总覆盖率

统计期内,高速公路管辖区域内驻点布局覆盖范围占管辖区域范围的比率,按公式(C.0.1)计算:

$$R_a = \frac{I_a}{I} \times 100\% \tag{C.0.1}$$

式中:R_a——救援驻点总覆盖率;
I_a——高速公路管辖区域内驻点布局覆盖范围;
I——管辖区域范围。

C.0.2 状况完好率

统计期内,车辆救援装备、安全设施设备的状况完好数量分别占车辆救援装备、安全设施设备各自总数量的比率,按公式(C.0.2)计算:

$$R_b = \frac{I_b}{I} \times 100\% \tag{C.0.2}$$

式中:R_b——状况完好率;
I_b——专项作业车辆及设备完好数量;
I——车辆设备总数量。

C.0.3 值班值守率

统计期内,高速公路运营单位值班值守天数占总统计期天数的比率,按公式(C.0.3)计算:

$$R_c = \frac{I_c}{I} \times 100\% \tag{C.0.3}$$

式中:R_c——值班值守率;
I_c——值班值守天数;
I——总天数。

C.0.4 救援服务接听率

统计期内,客户请求服务接听事件数占总接入事件数的比率,按公式(C.0.4)计算:

$$R_d = \frac{I_d}{I} \times 100\% \tag{C.0.4}$$

式中:R_d——救援服务接听率;
I_d——客户请求服务接听事件数;
I——总接入事件数。

C.0.5 及时响应率

统计期内,车辆救援企业从接到车辆救援指令在规定时间之内出动的事件数占总事件数的比率,按公式(C.0.5)计算:

$$R_e = \frac{I_e}{I} \times 100\% \tag{C.0.5}$$

式中:R_e——及时响应率;
I_e——接到车辆救援指令在规定时间内出动的事件数;
I——总事件数。

C.0.6 规定时间到达率

统计期内，车辆救援企业从接到车辆救援指令至到达现场时间在规定时间之内的事件数占总事件数的比率，按公式(C.0.6)计算：

$$R_f = \frac{I_f}{I} \times 100\% \tag{C.0.6}$$

式中：R_f——规定时间到达率；

I_f——接到车辆救援指令至到达现场时间在规定时间之内的事件数；

I——总事件数。

C.0.7 救援作业完成率

统计期内，规定时间内完成救援作业数量占救援作业总数量的比率，按公式(C.0.7)计算：

$$R_g = \frac{I_g}{I} \times 100\% \tag{C.0.7}$$

式中：R_g——救援作业完成率；

I_g——规定时间内完成救援作业数量；

I——救援作业总数量。

C.0.8 规定时间现场处置率

统计期内，规定时间内完成救援处置数量占总救援处置数量的比率，按公式(C.0.8)计算：

$$R_h = \frac{I_h}{I} \times 100\% \tag{C.0.8}$$

式中：R_h——规定时间现场处置率；

I_h——规定时间内完成救援处置数量；

I——总救援处置数量。

C.0.9 客户满意度

统计期内，客户调查问卷统计的客户满意数量占客户调查数量的比率，按公式(C.0.9)计算：

$$R_i = \frac{I_i}{I} \times 100\% \tag{C.0.9}$$

式中：R_i——客户满意度；

I_i——客户调查问卷统计的客户满意数量(包含满意和十分满意)；

I——客户调查数量。

C.0.10 客户投诉率

统计期内，受理救援服务后客户投诉救援服务案件的数量占受理救援服务案件总数的比率，按公式(C.0.10)计算：

$$R_j = \frac{I_j}{I} \times 100\% \tag{C.0.10}$$

式中：R_j——客户投诉率；

I_j——受理救援服务后客户投诉救援服务案件的数量；

I——受理救援服务案件总数。

C.0.11 客户投诉处理率

统计期内，已经处理的客户投诉次数与受理救援服务客户投诉总数的比率，按公式(C.0.11)计算：

$$R_k = \frac{I_k}{I} \times 100\% \qquad (C.0.11)$$

式中:R_k——客户投诉处理率;
I_k——已经处理的客户投诉次数;
I——受理救援服务客户投诉总数。

C.0.12 投诉回访率

统计期内,车辆救援服务投诉事件中已回访的事件数量占投诉事件总数的比率。按式(C.0.12)计算:

$$R_l = \frac{I_l}{I} \times 100\% \qquad (C.0.12)$$

式中:R_l——投诉回访率;
I_l——车辆救援服务投诉事件中已回访的事件数量;
I——投诉事件总数。

注:指标以各车辆救援企业为计算单元。

用 词 说 明

1 本指南执行严格程度的用词,采用下列写法:

1) 表示严格,在正常情况下均应这样做的用词,正面词采用"应",反面词采用"不应"或"不得"。

2) 表示允许稍有选择,在条件许可时首先应这样做的用词,正面词采用"宜",反面词采用"不宜"。

3) 表示有选择,在一定条件下可以这样做的用词,采用"可"。

2 引用标准的用语采用下列写法:

1) 当引用的标准为国家标准或行业标准时,表述为"应符合×××××的有关规定"(×××××为标准编号)。

2) 当引用标准中的其他规定时,表述为"应符合本指南第×章的有关规定""应符合本指南第×.×节的有关规定""应按本指南第×.×.×条的有关规定执行"。